Mon ami Flamme

Texte : Christian Lamblin
Illustrations : Audrey Bussi

Texte entièrement décodable
à partir du milieu de la période 3

Le papier de cet ouvrage est composé
de fibres naturelles, renouvelables,
fabriquées à partir de bois
provenant de forêts gérées
de manière responsable.

Cet ouvrage est conforme à la nouvelle orthographe
www.orthographe-recommandee.info

Nathan

I
Le cheval sauvage

Manu et Alorie sont en vacances. Ils font du cheval tous les jours. Ils sont de retour après une superbe balade dans la forêt.

Paul les attend devant l'entrée de l'écurie. Il est ami avec Manu et Alorie. Paul vit à côté de l'écurie mais il ne fait pas de cheval.

Après la promenade, Paul aime aider Alorie et Manu à s'occuper des chevaux. Ils en profitent pour discuter.

– Tu aimerais faire du cheval ? demande Alorie.

– Oui, répond Paul. Je voudrais surtout monter Flamme.

Flamme est un cheval sauvage.
Il ne supporte pas qu'on le monte.
Alorie trouve Flamme très beau
mais elle n'est pas rassurée.
Elle se demande s'il se laissera
monter un jour.

II
La montée des eaux

Manu passe la nuit chez Paul. Avant d'aller dormir, les enfants discutent sur la terrasse.

– Tu ne marcheras plus jamais ? demande Manu.

– Non. Quand j'étais petit, mon dos a été abimé, répond Paul. Mes jambes ne me portent plus. Mais je suis très rapide avec mon siège à quatre roues !

Il est très tard. Les enfants dorment.
Un terrible orage éclate.
Des éclairs illuminent la nuit
et la pluie tombe très fort.

Paul et Manu se lèvent et vont dans le salon, à la fenêtre. Ils sont surpris par la montée rapide des eaux.
Manu crie :
– La rivière est sortie de son lit !
– L'eau va arriver dans l'écurie, dit Paul. Il faut sauver les chevaux !

III
L'arrivée de Kimamila

Les enfants arrivent devant l'écurie.
Ils ont de l'eau jusqu'aux mollets.
– Je vais appeler Kimamila, dit Manu.
Il va nous aider à sortir les chevaux.

Kimamila arrive tout de suite.
Il ouvre son sac à dos et en sort
un bateau jaune.
Manu essaie d'ouvrir la porte
de l'écurie pour libérer les chevaux.
La porte ne s'ouvre pas.
– Je sais où est la clé ! dit Paul.
Il tend le bras et attrape la clé
qui était suspendue dans le lierre.

Manu ouvre la porte de l'écurie.
Les chevaux savent qu'ils sont en danger. Ils sortent rapidement.

– C'est bon, tous les chevaux sont sortis, dit Manu. On s'en va !

– Pas encore, répond Paul. Flamme n'est pas sorti !

L’eau continue de monter. Manu et Kimamila rament jusqu’au fond de l’écurie.

– Il est là ! crie Paul. Oh non, il est attaché avec une corde !

IV
Sauvés !

Paul essaie de défaire la corde.
– Je n'y arrive pas,
la corde est trempée ! crie-t-il.
Kimamila souffle sur la corde
qui sèche aussitôt.
– J'ai réussi ! dit Paul.
Flamme est libéré. Vite, il s'en va.

Brusquement, Paul perd l'équilibre et tombe à l'eau. Mais il réussit à s'accrocher à la corde qui retenait Flamme.

– Au secours ! Au secours ! crie Paul.

Kimamila s'apprête à agir mais…

Flamme fait demi-tour. Il se rapproche de Paul. L'enfant réussit à attraper sa crinière et à monter sur son dos. Le cheval se dirige alors vers la sortie de l'écurie.

Paul sort de l'écurie. La tempête s'est calmée.

– J'ai réussi ! crie Paul. J'ai réussi !

Manu et Kimamila sont soulagés.

– Paul est vraiment formidable, murmure Kimamila. J'aimerais être son ami.

L'anatomie du cheval

Le dos

C'est la partie du corps sur laquelle on met une selle pour monter sur le cheval.

Le flanc

C'est la partie sensible du cheval : quand on le monte, on lui donne de petits coups de talon sur le flanc et il se met en marche.

La queue

Les sabots

Ils sont faits de corne qui pousse comme les ongles.

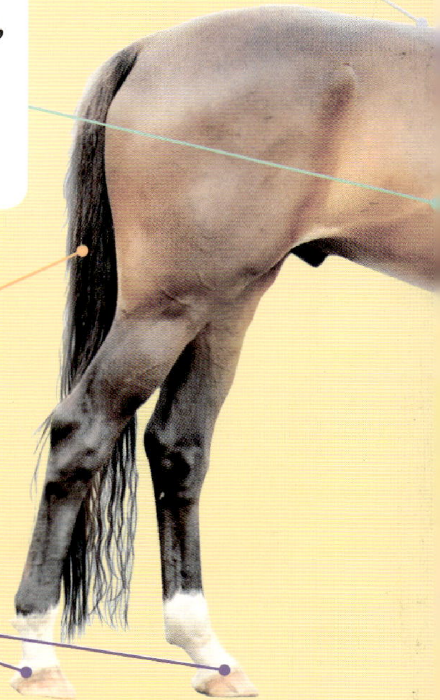

La crinière

C'est la chevelure du cheval.

Les oreilles

Elles permettent de comprendre le cheval : quand ses oreilles sont en arrière, le cheval est en colère.

Les naseaux

Les jambes

Pour le cheval, on parle de jambes et non de pattes.

mots non décodables

Des activités avec le cheval

Les activités de détente

randonnée à cheval

Le cheval a longtemps été utilisé pour le transport de personnes ou de marchandises.

Aujourd'hui, il est surtout présent dans les écoles équestres pour apprendre à monter à cheval.

Il est aussi utilisé dans le monde du spectacle.

cheval de cirque

Sais-tu qu'un cheval de course est capable de courir à *80 km/h* ?

Les activités sportives

course de trot attelé

Un cheval de course
court très vite.
Il est entrainé et monté
par des personnes
dont c'est le métier.

course hippique

Le travail

Aujourd'hui,
les hommes se servent
le plus souvent
de machines
pour retourner
la terre et rarement
d'un cheval de trait.

cheval de trait

Dans certaines
villes, le cheval est
utilisé par la police.

police montée

Crédits photographiques

Pages 20 et 21 cheval : © Olga Itina – stock.adobe.com. **Page 22 randonnée à cheval** : © Image'in – stock.adobe.com ; **cheval de cirque** : © Andrea Izzotti – stock.adobe.com. **Page 23 course hippique** : © gabe9000c – stock.adobe.com ; **course de trot attelé** : © Neyak – stock.adobe.com ; **cheval de trait** : © Olivier-Tuffé – stock.adobe.com ; **police montée** : © Fred – stock.adobe.com.

© Logo enfant qui lit : Célia Niles
© Kimamila : Audrey Bussi
© Pictogramme casque : Nicolas Piroux

Conforme à la loi du 16 juillet 1949
sur les publications destinées à la jeunesse
ISBN : 9782091249216
N° d'éditeur 10280567
Dépôt légal : juin 2019
Imprimé en France en février 2022 par Clerc (18)